जरा सोच के बताना

Jara soch ke Batana

अचल पुलस्तेय

ISBN 978-93-5667-351-9
© Achal Pulastey 2023
Published in India 2023 by Pencil

A brand of

One Point Six Technologies Pvt. Ltd.
123, Building J2, Shram Seva Premises,
Wadala Truck Terminal, Wadala (E)
Mumbai 400037, Maharashtra, INDIA
E connect@thepencilapp.com
W www.thepencilapp.com

DISCLAIMER: *The opinions expressed in this book are those of the authors and do not purport to reflect the views of the Publisher.*

Author biography

अचल पुलस्तेय (डॉ.आर.अचल)

सम्प्रति-पैकौली,देवरिया एवं लंका,वाराणसी मे चिकित्सा कर्म,

आयुर्वेद चिकित्सक,लोक,प्राच्यविद्याओं,विज्ञान व लोक

अध्येता, कवि, लेखक,विचारक,समाजसेवी, फ्रीलांसर।

मुख्यसंपादक-ईस्टर्न साइन्टिस्ट जर्नल,क्षेत्रीय संपादक-साइंस

इण्डिया मासिक(भोपाल)

सदस्य-राष्ट्रीय संयोजक समिति-वर्ल्ड आयुर्वेद कांग्रेस

श्री धन्वंतरी पुरस्कार आयुष मंत्रालय

शोध सहयोग सम्मान-कोलम्बिया यूनिवर्सिटी यूएस

प्रदेश पार्षद-जनसंस्कृति मंच

कृतियाँ-काव्यसंग्रह-लोकतंत्र और नदी,लोकतंत्र और रेलगाड़ी,

जरा सोच के बताना,Just tell to thinking,सन्नाटे में कवितायें

तंत्र-श्रीविद्या चक्रार्चन महायागःवैज्ञानिक विमर्श एवं विधि,

इतिहास-महान गणराज्य गढ़मंडला,

उपन्यास-कोरोना काल कथा-स्वर्ग में सेमिनार

प्रकाशकाधीन शोधपरक उपन्यास-रिसर्च इन तप्पा डोमागढ़

दैनिक जागरण,अमर उजाला,दैनिक भाष्कर,मीडिया

स्वराज,नई दुनियाँ क्रांतिदूत,असम

टाइम्स,सर्वोदयजगत,भारतीय धरोहर आदि अनेक पत्र-

पत्रिकाओं लेखन ।

4आयुर्वेद के शोधपत्र अन्तर्राष्ट्रीय जर्नल्स में प्रकाशित

अनेक राष्ट्रीय,अन्तर्राष्ट्रीय विज्ञान व आयुर्वेद, व सामाजिक

सेमीनारों मे अध्यक्षता व सम्मान ।

CONTENTS

Foreword

ये कवितायें ऐसे समय में लिखी गयी है जब लगता है कि का सोच-विचार की क्षमता क्षीण सी गयी है।विज्ञानपन को सूचना समझा जा रहा है,सूचना को ज्ञान । सवालों से बच कर लोग भागे जा रहे है।बिना सोचे ही कुछ भी को फालो कर रहे है। यदि सवाल हुआ भी तो पूर्व निश्चित जबाब है। इसलिए जरा सोच कर बताना ? कहने की जरूरत महसूस हो रही है।

इसके पूर्व मेरा काव्यसंग्रह "लोकतंत्र और नदी, "लोकतंत्र और रेलगाड़ी 2018 मे प्रकाशित हो चुके हैं,इसी क्रम में तीसरा काव्यसंग्रह "जरा सोच के बताना" प्रस्तुत है।जिसमें देश, दुनियाँ,समाज की विद्रूपताओं के प्रति सवाल है,जिन्हे भारतीय संस्कृति रचे-बसे प्रतीको के माध्यम से उठाया गया है।संभव है किसी को ये कंकड़ जैसे लगे क्योंकि कंकड़ उतनी हो चोट करते है,जिससे तंद्रा टूट सके। मेरी कोशिश समाज, व्यक्ति की तंद्रा तोड़ने की ही है ।

शुभमंगलम्

    25 मार्च 19   अचल पुलस्तेय

3.   किताब का आदमी

जब एक आदमी महान बनता है

तो एक कैकेयी और

विभिषण का भी

हाथ होता है,

और असल हाथ तो

उस आदमी का भी होता है,

जिसे किताबों में

खलनायक लिखा होता है।

इसलिए वे सारी किताबें

एक जैसी लगती है

क्योंकि वे आदमी की तरह ही

आपस में लड़ती है,

जिसमें मरता है आदमी

वे कभी नहीं मरती है ।

इसलिए मैं लड़ना नहीं

केवल पढ़ना चाहता हूँ

फिर क्या फर्क है
कि कुरान को पुस्तक कहूँ
या गीता को किताब

बाईबिल को ग्रंथ कहने से
कुछ लोग क्यों है परेशान
आखिर इन किताबों के पहले
भी तो आदमी था?

जो न नायक था,
न खलनायक था,
केवल लड़ रहा था,
जीने के लिए
आग-हवा-पानी
आँधी-तूफान से
जिसे बिना किताब का आदमी कहूँ
या उस आदमी को ही किताब ?
कोई फर्क नहीं पड़ता
क्योंकि सारी किताबे
तमाम बहाने बना कर,
आदमी ने, आदमी को,
आदमी बनाने लिए ही तो लिखा है,
जो शायद, आज भी पूरी तरह
बनने से चूक गया है

जो अतीत को बचाने के लिए

आगे बढ़ने से रुक गया है ।

4.   वो आदमी

चलो माना कि आन द रिकार्ड
नया वर्ष आ गया।
मेरे पीठ पीछे
दिवार पर टँगा
जीवनबीमा का कलैण्डर
चादर की तरह बदल गया ।
कामना करता हूँ
इस नये वर्ष में
कन्ज्यूमर्स-वोटर्स और पार्टी वर्कर्स
की भीड़ में खोया हुआ
वो आदमी,
अंधी भीड़ से बाहर निकल आयेगा,
जो नागरिक कहलाता है
जो सुविधा नहीं
अधिकार माँगेगा
आदमी होने का सम्मान माँगेगा ।

6.   झुण्ड

जंगल के जानवर

झुण्ड में रहते हैं,

क्योंकि डर होता है

हमले का,भटकने का,

पर आदमी क्यों

झुण्ड मे रहना चाहता है,

वह तो खुद को, जानवरों से

अलग समझता है।

जबकि आदमी के पास

शरीर ही नहीं

विचारों का झुण्ड भी होता है,

जिसमें न चाहते हुए भी

लोग शामिल हो जाते है

क्योंकि सोचने का काम

बस नेता पर छोड देते है,

कुछ इस किनारे ,कुछ उस किनारे

खरपतवार की तरह लगे रहते है,

उन्हे बाढ़ और सूखे एक जैसे लगते है,

हर कोशिश में अपने झुण्ड को

सही ठहराते है,

क्योंकि सिर झुण्ड मे धँसाये रहते है,

यदि सिर उठा ले

तो दिखने लगेगा समय प्रवाह,

मन मचल जायेगा

झुण्ड तोड़ने के लिए

झुण्ड छोड़ने के लिए

फिर होगा

समय प्रवाह की तरह विचार

जो क्रान्ति संभवा हो जायेगा,

और क्षण-क्षण का जीवन

क्षण-क्षण का आनन्द,

जानवर से अलग

अस्तित्व का अहसास,

जो उद्घोष करेगा

आनन्दोहम,शिवोहम शिवोहम ।

7.   ज्ञान की मूर्खता

सवाल यह नहीं कि

हम कितने महान थे,

सवाल यह है कि

हम इतने दरिद्र क्यों है?

कि समृद्धि का द्वार उधार

लेना पड़ता है।

सवाल इसका भी नहीं कि

हम अर्जुन के वंशज है

या एकलव्य के,

सवाल यह है कि

आज किसी से भी

प्रत्यंचा क्यों नही चढ़ती ?

माना कि बहती थी

दूध की नदियाँ कभी,

पर आज पानी के संकट और

हवाओं में जहर का शोर क्यो है ?

इन सवालो से बचने के लिए

इतिहास के पन्ने मत फाड़ो

मत कहो कि लूटे गये हम,

सदियों तक आक्रांताओं से,

सच का सामना करो

कि लुटा दिये हम

टुकड़े-टुकड़े झूठे स्वाभिमान के लिए

ज्ञान तो धरोहर जरुर रहा,

पर असल सवाल यहा है कि-

कर्म को अछूत किसने बनाया ?

यही ज्ञान की मूर्खता रही,

वह नहीं समझ सका कि

कर्म के अभाव में

ज्ञान वैसे ही मर जाता है,

जैसे शक्ति के अभाव मे

शिव ही शव बन जाता है ।

8.   मदारी

रोटी के लिए रोते बच्चे

मदारी का डमरु सुनते ही

चुप हो जाते हैं,

जिसके ताल पर

देह को रबर जैसी

तोड़ती-मोड़ती

वो खूबसूरत लड़की

जिसे देखकर युवा खुश हो जाते हैं,

अंत मे मदारी,

हर रोग की एक पुड़िया बेचता है

जिसे लेकर बूढ़े संतुष्ट हो जाते है ।

एक दिन आमावस की काली रात को

राजा ने मदारी को गुरु बना लिया,

तब से राजा के देश में

न बच्चे रोते हैं

न युवा चिल्लाते हैं

न बूढ़े काँखते है,

राजा मुस्कारता है,

अकाल को भी उत्सव बनाता है।

9.   भष्टाचार-शिष्टाचार

भष्टाचार-शिष्टाचार

ज्योहि मैनें
कलियुग का लक्षण
बताने के लिए
गोस्वामी तुलसी दास का
दोहा सुनाया
त्यों ही उस बूढे ने टोक दिया-
खैनी मलते हुए वह बोला-
गुसाँई जी ने अपने समय में
खड़े होकर देखा था
पर तुम कहाँ खड़े हो सोचो ?
आँखें खोलो,अपनी बोलो
वर्तमान को अतीत की आँखो से
देखने की आदत छोड़ो ।

मैं अवाक रह गया,

झटका लगा और चुप हो गया ।

वह हाथ की खैनी

ओठ में दबाने के बाद बोलता रहा-

देखो कलियुग को,

गुसाँई जी ने दूर से देखा था ?

मैं प्रत्यक्ष देख रहा हूँ

मैं अपने समय को भोग रहा हूँ

उस युग से अपने समय को तोलना ही

तुम्हारी तुच्छता है ।

इसीलिए अपनी बात

दूसरों की ओट में बोलते हो

अपने झूठ को छुपाने के लिए

शास्त्रों की चादर ओढ़ते हो ।

देखो प्रत्यक्ष को !

न्यायमूर्ति,कुलपति,आचार्य,

नीतिनिर्माताओ का चुनाव

बन्द कमरे में

चेहरे और रिश्तों पर

पर होते हुए देखो !

पूछे गये सवालों का कोई साक्ष्य न हो

ऐसे साक्षात्कार को देखो,

जहाँ शास्त्र और न्याय की किताबें

दिवारो पर सजी हैं

उसी बंद कमरे मे भ्रष्टाचार को

शिष्टाचार घोषित करते देखो ।

निश्चित यही कलियुग है

भ्रष्टाचार को शिष्टाचार कहने का युग है

यह तुम नहीं देख पाओगो क्योंकि

अतीत के कुम्भ में डूबकी लगा रहे हो

एलईडी बल्वो की रोशनी में

तुम्हारी आखें चुँधिया गयी है,

मधुर भजनों के नशे में हो,

तुम्हे नहीं दिखेगा,

फिर भी जरा सोच के बताना ?

कैसे प्रतिनिधि लोकतंत्र का मुखियाँ

प्रतिनिधि चुनाव के पहले

घोषित हो जाता है,

कितनी सफाई से लोकतंत्र

राजतंत्र में बदल दिया जाता है

इसीलिए

शम्बूक अब भी मारा जाता है,

एकलब्य का अंगूठा काटा जाता है,

स्वर्ग में प्रवेश के चक्कर

विश्वामित्र का वह शिष्य

त्रिशंकु बन जाता है ?

देखो ! नहीं देख पाओगे,

इसलिए बता भी नहीं पाओगे ।

क्योकि तुम सिर पर शास्त्र ढ़ो रहे है

और मैं जिन्दगी ।

10.   काटना

फसल और फल

भूख के लिए काटते हैं,

सुख के लिए काटते है

पेड़ और पहाड़,

वर्चस्व के लिए

युद्ध होते हैं

काटते है सिर हजार।

11.   मन की बात

कहते है मन चंचल होता है

पर मन ही करता है

मन ही बोलता है

मन ही सोचता है

मन ही जगत का संबंध है

आत्मा और देह का अनुबंध है

शायद इसीलिए पुरखों ने कहा है-

केवल अपने मन की

 मत किया करो,

केवल अपने मन की बात

मत किया करो ।

मत भूलो कि

मन सबके पास होता है

उनकी भी सुनो,

उनकी भी समझो

खास बात यह कि

मन देह पर टिका होता है

देह भूख पर ।

देह को कपड़ों से

ढका जा सकता है

पर मन और भूख

कभी भी,कहीं भी

नंगा कर सकते हैं ।

12.   शब्द और सवाल

रात भर

विदेशिया नाच के लौंडे

के ठुमके देखकर

सुबह सात बजे तक

चद्दर तान कर सोये बेटे को,

जब बाबूजी डाँट कर जगाते थे,

स्कूल नहीं जाना है का बाबू?

तो रात के चौकी तोड़ ठुमके का

सम्मोहन टूट जाता था,

बबुआ हड़बड़ा कर

अतुराते हुए उठ जाता था ।

वैसे ही मेरे शब्द और सवाल

जुमलों से सम्मोहित युवाओं के

के नशे टूटते हैं

बिल्कुल बाबूजी के व्यंगात्मक

डाँट की तरह ।

बुरा लगता है
 पर कुछ देर बाद ही सही
वयस्क होने पर अच्छा जरूर लगेगा ।
संभव है तबतक बाबूजी न हो ।

13. गणतंत्र के अंतिम छोर पर

आओ चलते है

महान गणतंत्र के अंतिम छोर पर,

जहाँ सुप्रीम कोर्ट और संसद नहीं

ईश्वर या प्रकृति का कानून चलता है

जहाँ अपनी जमा पूँजी

मिट्टी में मिला कर

जो छ माह तक इंतजार करता है ।

पाला-ओला-बाढ़-सूखा

से निपटता है

वह इस देश का किसान होता है।

वही है जो प्रकृति के साथ

लड़कर,हार कर भी पुन:

तन कर खड़ा होता है ।

14. बेटी दिवस

सुना है आज

बेटी दिवस है,

कल से नवरात्रि,

पूजी जायेगे नौ दिन बेटियाँ ।,

फिर स्वतंत्र होगें बेटे

मान मर्दन के लिए

देह भंजन के लिए।

उफ् ! कितनी झूठी है,

यह कुँठित सभ्यता ?

आखिर जल क्यों नहीं गयी

तुम्हारी कुँठा

सती के जलने के साथ

वन क्यों नही गयी सीता के साथ

कब तक छापते रहेगे अखबार

बेटियों के मर्दन का समाचार?

जरा सोच के बताना ?

किस मुँह दूँ बेटी दिवस पर
अभय,निर्भय,सुख-सम्मान
का आशिर्वाद ।

किस मुँह दूँ बेटी दिवस पर
अभय,निर्भय,सुख-सम्मान
का आशिर्वाद ।

15. स्वर्णयुग

स्वर्णयुग

स्वर्ण युग मतलब

यह कत्तई नहीं है कि

सारे लोग सोने की थालियों में खाते

और मखमली बिस्तरे पर सोते थे ।

बहुत सारे लोग ऐसे भी थे

जो अधनंगे,नंगी जमीन पर सोते

और पत्तों पर खाते थे ।

सोने की चिड़िया उनके लिए था

जिनकी आँखें

स्वर्ण सिंहासन की चमक से

चुँधियाँ कर

खुरदरी जमीन देखने में

अक्षम हो चुकी थी।

जैसे आज कोई इतिहासकार

दिल्ली आये,

कर्तव्य पथ घूमे

एअर पोर्ट जाये

आसमान में उड़े और

सूरत पहुँच जाये,

सिक्सलेन पर

मर्सडीज से दौड़ते हुए

बेंगलुरु पहुँच जाये,

देश घूमें

गगनचुम्बी मूर्तियाँ

टावर और माल देखें

एंटालिया में चाय पीये

दीवार पर लगी

बड़ी सी एल इ डी

पर समाचार देखे कि

दुनियाँ का दूसरा अमीर

इसी जमीन का है,

तो निश्चत लिखेगा

कि यही स्वर्णकाल है ।

उसे क्या पता कि-

कि उखड़ी सड़को पर

कितने लोग मरे,

पहाड़ लाँघकर

पगडण्डियों से
पानी के लिए जाती
कितनी औरतें
जो फिसल कर मर गयीं,
कितने बेरोजगारों ने
फाँसी लगायी
कितने मरे
आक्सीजन के इन्तजार में
कीटनाशक पीकर
कितने किसान परलोक गये
कर्ज से मुक्त हुए
नहीं लिख सकता वह
अंकिता-निर्भया की व्यथा
सोनी सोरी का जला चेहरा,
उसकी कोशिश होगी कि
घोषित स्वर्णयुग पर
कोई दाग न लगे।

16.   न्याय पुरुष

हाँलाकि धर्म के साथ युद्ध

शब्द फीट नहीं बैठता है।

फिलहाल धर्म युद्ध हुआ

हार-जीत के फैसले के लिए

जिसे न्याय पुरुष चुना गया

उसका सिर काटकर

पहाड़ पर टाँगा गया ।

यह देखकर पार्थ ने कहा-

हे मधुसूदन !

आपने यह क्या किया ?

पौत्र बर्बरिक के साथ

न्याय के बहाने

अन्याय क्यों किया ?

मधुसूदन मुस्कराये

सम्मोहन भरे शब्दो में बोले-

मैं जानता हूँ पार्थ !

तुम्हारा पौत्र

अजेय है अपराजेय है,

पर उसके सीने भी दिल है,

दिल का मामला कुछ अलग होता है,

जब दिल किसी पर आ जाता है,

न्याय-अन्याय का फासला

सिमट जाता है,

इसलिए न्याय पुरुष के

दिल को दिमाग से

अलग कर दिया,

यथार्थ न्याय के लिए

विवश कर दिया ।

17.   अहिल्या

मैं भूल चुकी हूँ

अपना नाम

नहीं बता सकती

अपनी पहचान,

क्योंकि

काठ हो चुकी थी लाज से,

हाँ हाँ वही बात कह रही हूँ

चली गयी थी कोमा में

शील भंग के पश्चाताप से।

हिल नहीं सकती थी

इसलिए अहिल्या कहने लगे थे

लोग मुझे ।

सच बताती हूँ,तुझे पुलस्तेय!

भला कैसे रख सकती थी

अपना पक्ष उस हालात में,

बाल्मिकी ने लिखा मेरा पक्ष भी

पुरुष जजबात में ।

हाँलाकि सच यह है

कि डर गये थे देवराज

ऋषिवर के न्याय सूत्र से,

हिल गयी थी

न्यायहीन सत्ता

प्रशस्तिगान नहीं किया

ऋषिवर ने

बन गये थे प्रजा का पक्ष

इन्द्र ने मान लिया

सत्ता का प्रतिपक्ष ।

जरा सोचो !

यदि ऋषि भी हो जायेगा

सत्ता के साथ

फिर कौन रखेगा

पीड़ित प्रजा के सिर पर हाथ ?

नहीं कर सकते थे देवराज

ऋषिवर पर सीधा प्रहार

इसलिए किया

कुल प्रतिष्ठा पर घात

और मैं अहिल्या हो गयी।

नहीं दिया था

ऋषि ने पत्थर होने का शाप
पुरुष की अहं तुष्टि के लिए
कवि ने लिखा लांछित नारी का इतिहास।
चलो ठीक है!
मैं मानती हूँ
राम के स्पर्श ने
मेरी मुर्छा तोड़ दी,
पर न्याय सूत्रकर्ता
ऋषि भार्या के साथ
कैसा हुआ यह न्याय
मुझे चेतना तो दिया
दण्डित नहीं कर सके
इन्द्र को
जिसने किया था व्यभिचार
यह तो वैसा ही हुआ
कि रेप पीड़िता को
मुआवजा देकर
व्यभिचारी को
मुक्त कर दिया ।

18.   डूबने का शौक है...

डूबने का शौक है तो डूबिये अब शान से,

भावनाओं की नदी है चढ़ गयी उफान पे।

खेलने का शौक है तो खेलिए अब जान पे,

हर तरफ फंदे टगें हैं गला अपना नाप लें।

माँगने का शौक है तो माँगिये अब शान से,

जेब खाली लेकर कैसे जायेगें दुकान पे।

फेंकने का शौक है तो फेंकिए अब शान से

जुर्म घोषित हो गया अब शब्द संविधान में।

बोलने का शौक है तो बोलिए पर ध्यान से,

सत्य बिकता है यहाँ बिनमोल के बाजार में।

गर बोलना है झूठ तो बेफिक्र होकर बोलिए,

सच के चक्कर में बिकेगे हाथ अब चण्डाल के।

नाचने का शौक है तो नाचिए दिल खोल के,

प्रतिबंध है लंगोट पर, फरमान है महराज के ।

19.   जीतेगा आदमी

मैं सुन रहा हूँ
एक ऐसे युग की आहट
जब आदमी
मशीनों से नहीं
मशीनों के खिलाफ
युद्ध लड़ेगा
बीमारी से नहीं
दवाओं के खिलाफ
खड़ा हो जायेगा
और मारे जायेगे
आदमी के खिलाफ
मशीन और दवायें
बनाने वाले
जीतेगा आखिरकार
आदमी
जैसे जीतता रहा है

युगों से
ये और बात है कि
कुछ लोग शहीद हो जायेगे
इस जंग से पहले ।

20.   अतीत का गर्व

कुछ लोग समझा रहे हैं कि

भारत को ऋषियो ने गढ़ा था

पर वे यह नहीं समझा पाते कि

एकलब्य का अंगूठा

क्यों कटा था ?

लाक्षागृह मे आदिवासी महिला

कुंती के जगह क्यों मरी

त्रिशंकु क्यों आसमान मे

लटका रहा?

सच बोल कर हरिश्चन्द्र

चाण्डाल के यहाँ क्यों बिका?

आज सच बोलना

देशद्रोह कैसे हुआ

झूठ बोलकर राजा कैसे बना

इन अनुत्तरित सवालों के बीच

भला अतीत पर गर्व कैसे करुँ ?

21.   कल भी आज भी

राजाओं के दान

मुगलों की खैरात

अंग्रेजों के डोनेशन

जनता के कल्याण

के लिए कल भी थे

आज भी है,

पर काम का असल दाम

न कल था

न आज है,

न इसके लिए

कभी हमने लड़ा था

मजदूरियाँ काट कर

दान,खैरात के लिए

धन जुटाया जाता रहा ।

जनता को नागरिक बनने से

रोकने के लिए भला इससे पुख्ता

इंतजाम क्या हो सकता है,

कल भी आज भी है।

22. पागलखाने में

वाह ! क्या कमाल किया

विराट बरगद को

बोनसाई बना दिया।

सतरंगी बगिया उजाड़ कर

अपनी पसंद का गुल खिला लिया

सीना फूलाये कह रहा है

मैनें जमाना बदल दिया।

बहुत मेहनत लगी है यार

समंदर को नाला बनाने में

ऐसे लोग मिल जायेगे हर तरफ

पागलों को देखने

क्या जाना है

पागलखाने में ।

23.   हद से

डर जब हद से गुज़र जाता है,

तो आदमी निडर हो जाता है।

जब भी एक शहर बसता है,

तो एक गाँव उजड़ जाता है।

कर्म जब काण्ड बन जाता है ,

तो राजनीति में बदल जाता है।

भूख जब कानून में उलझती है,

तो सिंह भी याचक बन जाता है।

जब लाभ लोभ में बदल जाये,

तो आदमी गुलाम बन जाता है।

जब इश्क देह पर ठहर जाता है,

तो वासना का जहर बन जाता है।

24.   नदी में मगरमच्छ

नदी में मगरमच्छ छोड़ने से

उन्हें कोई फर्क नहीं पड़ता,

जो किनारों से दूर घास काटते हैं

फर्क तो उन्हें पड़ता है

जो मछलियाँ पकड़ना चाहते हैं

जो तैर कर उस पार जाना चाहते हैं ।

हाँलाकि यह भ्रम है तुम्हारा

फर्क उन्हें भी नहीं पड़ता

क्योंकि वे मगरमच्छ से

लड़ना जानते हैं।

25.   अपराध

अपराध

दर असल वह नहीं होता है

जिससे आप पीड़ित होते है

अपराध वह होता है

जिसे निजाम और नियम

तय करते हैं।

26.   इतिहास धरती का

काशी-काबा-योरुसलम्

क्या नहीं था दुनियाँ में,

वेद,कुरान,बाइबिल भी थी,

बस नही था तो विज्ञान

जिसके कारण लोग

भूख,बीमारी और ठंड,गर्मी,बर्फ और

अकाल से मरते

और मारे जाते रहे ।

छोटी-छोटी बातों, मिथ्याभिमान

में तलवारें,भाले,निकल जाते थे,

कुछ अमीर शासक होते

गरीब गुलाम,प्रजा,रियाया,

यही न इतिहास है धरती का ।

27.   मैने देखा है

वो शहर भी मैने देखा है

जहाँ भूख से लोग बिलबिला रहे थे

हर छत पर धर्मध्वज लहरा रहे थे ।

वो शहर भी मैने देखा है

जहाँ लोग गले मिल के मुस्करा रहे थे

धर्म से आचरण सजा रहे थे ।

वो शहर भी मैने देखा है

जहाँ झूठ बोल कर लोग इतरा रहे थे

सच बोलकर हवालात जा रहे थे।

वो शहर भी मैने देखा है

जहाँ बाँसुरी पर लोग चिल्ला रहे थे

आँधियो से सुर मिला रहे थे।

बर्बादियों पर डीजे बजा रहे थे

यह और बात है कि

होश में आने पर पछता रहे थे ।

28.   भगवान की भाषा

भगवान की भाषा

शास्त्र की भाषा

अल्लाह की भाषा,

कुरान की भाषा,

गॉड की भाषा

बाईबिल की भाषा,

भाषा का खेल है,

जिसमें

धर्माचार्य,मौलवी और पादरी

की जीत होती है,

भगवान,अल्लाह,गॉड के बहाने

लोक पर विजय प्राप्त करते हैं

यहीं से दंगे फ़साद पनपते हैं।

जबकि लोक की भाषा ही

असल में भगवान,अल्लाह,

गॉड की भाषा होती है,

जिस दिन लोक

यह समझ जायेगा

उसी दिन खत्म हो जायेगा

धर्मों का बाजार,

नंगे हो जायेगे दंगों के राज

और लोक स्वतंत्र हो जायेगा ।

29.   डर

जन्मजात नहीं होता है,डर

समाज द्वारा पैदा किया जाता है।

डर ही वह कारक है जो

एक अच्छे भले आदमी को

भीड़ में बदलता है।

फिर उसे आक्रामक बनाता है

अंततःउसे उसकी हालात पर छोड़कर

मरने-मारने को विवश करता है,

अंतिम सच यह कि

डर पैदा करने वाला

भीड़ पर शासन करता है ।

जो मुनादी करवाता है बाजार में

बस मेरे पसंद की प्रजा को

जीने का हक होगा

मेरे साम्राज्य में

बिन रीढ के मंत्री रखे जाते है
सम्राट के दरबार में ।

30.   हिन्दू होने का मतलब

हिन्दू कहने

और होने में फर्क होता है

हिन्दू होने का मतलब

अर्जुन होना होता है

जो मित्र कृष्ण पर भी

सवालों का उतना ही बाण

चला सकता है

जितना शत्रु पर

विषबुझे बाण ।

हिन्दू होने का मतलब

पार्वती होना होता है

जो महदेव से सवाल कर

शास्त्रों को जन्म देती हैं।

हिन्दू होने का मतलब

गौतम और कणाद् होना होता है

जिनके सवालों से

इन्द्र भी नहीं बच सकते

हिन्दू होने मतलब

अंधविश्वास नहीं

सवाल होता है।

जो सवाल नहीं कर सकता है

सच कहे तो वह हिन्दू

नहीं हो सकता है ।

31.   यम के दरबार मे हिरन

पेशकार चित्रगुप्त

की पुकार पर

बिना वकील के

तीन हिरनों की आत्मायें

कटघरे मे हाजिर हुई ।

सबसे पहले सोने सी

चमकती खालवाला

हिरन बोला -महराज !

आप न्याय के देवता हैं

त्रेता युग से तारीख दर तारीख

मेरे वकील को देते रहे हैं

इसलिए अब मैं खुद बहस के लिए

हाजिर हूँ ।

माना कि प्रभु श्रीराम ने मारिच को मारा

पर रुप तो मेरा ही था न!

क्या सोने सी चमकदार

मेरी खाल होना ही अपराध था ?

त्रिलोक ज्ञाता

क्या इतना भी नहीं समझ सके ?

यदि माँ जानकी को

मेरी खाल इतनी ही भा गयी थी

तो इच्छा करती

मैं हाजिर हो गया होता

जिन्दा रह कर ही उनके चरणो में

लोट लेता?

दरबार मे सन्नाटा छा गया ।

कुछ देर बाद

दूसरा युवा हिरन बोला -

सरकार!

सलमान की हिरोइनों की गोद में

मैं खेला ही तो था

मै मनुष्य थोड़े हूँ कि

कुदृष्टि से छेड़खानी कर रहा था

फिर सलमान मे मुझे क्यों मारा ?

खैर उसे सजा हुई

पर मुझे न्याय कहाँ मिला

मेरा सवाल तो

जस का तस बना रहा ?

इस बार यमराज और धर्मराज

के चौड़े ललाट से

पसीने की कुछ बूँदे ढरक गयी ।

अंत मे किशोर की बारी थी

पूरी हिरन जाति पर

विपदा आन पड़ी थी ।

कातर स्वर मे वह बोल पड़ा -

सर ! माना कि त्रेता की रीत थी

माँ जानकी को

स्वर्ण से अति प्रीति थी

शायद इसी मोह में

वे स्वर्ण की लंका चली गयी

मोह की दण्डभागिनी बनी।

सलमान की दुष्प्रवृत्ति थी

दण्डभागी उसकी नियति थी

परन्तु अब तो मेरी कौम

खतरे में पड़ गयी है।

इसलिए निवेदन है कि

न्याय को अब त्वरण दे

अन्यथा मेरी कौम को

गायो की तरह व्याधि मरण दे ।

हम निश्चन्त अभय

शावक,किशोर,युवा,वृद्ध

अपने वनों मे विचरित थे ।

चीता अपने कर्मो से लुप्त थे

फिर नामीबिया से लाने की

क्या जरुरत थी

चलिए ठीक है

राजा की इच्छा थी

चैनलों को टीआरपी की बुभुक्षा थी

पर हमारे कुल से क्या शत्रुता थी?

कि ट्रको मे भरकर

चीतो को परोस दिया गया

हम जानवरो के सं विधान में

यह लिखा है कि

चीता भूख से दौड़ेगा

हम जान बचने के लिए

जो जीतेगा,

वह बचेगा,

अन्यथा

चीता भूख से मरेगा

हम दौड़ से चूक से ।

बस मेरा सवाल इतना सा है

कि हमारे और चीते के बीच मे

आदमी क्यों आ गया ?

मौत का खेल राजा को

क्यों इतना भा गया?

हिरनों के सवाल पर

यम की अदालत भौंचक थी ।

गहरी साँस लेकर

कुछ देर मे

धर्मराज ने मौन तोड़ा,

सवाल वाजिब है तुम्हारे,

पर हर बात पर सहमत

नर्म मिजाज लोग

अक्सर जाते हैं मारे ।

32.   अखबार की खबर

दोनों कान्वेट के गेटपर खड़े थे,
बच्चे अंदर चले गये थे ।
दूसरे दिन अखबार की
खबर थी,
दोनो जूलूस और पत्थरबाजी
में लड़े थे ।
जिसमे कुछ दिहाड़ी मजदूर
और रेहड़ी वाले मरे थे ।

33.   कविता

आइये बताता हूँ
कविता क्या होती है?
शब्दों की तुकबंदी-लयबंदी मात्र
नहीं होती है कविता ।
चट्टानों से टकराती
समुद्र की लहरों
की ध्वनि होती है कविता ।
लाइलाज पीड़ा की जमीन
जो पथरा चुकी हो
उसे तोड़ कर
गुलाब की कँटीली
टहनियों पर
जो फूल खिलते है
सच मे उसे ही कविता कहते हैं।
जिसके लिए प्रसवपीड़ा से
गुरजना होता है

क्षण-क्षण मरना
और जीना होता है।

64

क्षण-क्षण मरना
और जीना होता है।

34.   मेरा भगवान

जी हाँ मैं भक्त हूँ

मेरा अपना भगवान है

जो हर अक्षर का नाद है

जिसके बिना

कुछ भी संभव नहीं,

न वेद,न पुरान,न तर्क,न शास्त्र,

न बाईबिल न कुरान

न गीत,न गजल,न गाली,

न ऋचा न आयत,

न विज्ञान न संविधान

कुछ भी तो संभव नहीं है

मेरे भगवान के बिना ?

निराकार में जो स्वर है

असल में वही ईश्वर है

साकार में शब्द है

जो न कभी जनमता है,

न मरता है,

सचमुच वह अमर है,

उसके बिना

तुम्हारे रचे गये सारे

विविध नाम वाले भगवान भी नश्वर हैं।

35. सवाल

सवाल

ढहने का नहीं

जड़ से उखड़ने का है

जो अक्सर

बड़े पेड़ो के साथ होता है।

घास और झाड़ियाँ तो

उखड़ने,कुचलने,जलने

के बाद भी

फिर जिन्दा हो उठती हैं

इसलिए मैं हमेशा

उनके साथ खड़ा हूँ

फक्र इस बात का है कि

उखड़ते,कुचलते,जलते

लोगों के लिए लड़ा हूँ।

36.   क्या फर्क पड़ता है

जहाँ मोक्ष परम् लक्ष्य

और जीवन नश्वर,

वहाँ अधिकार,शिक्षा

और दरिद्रता से

भला क्या फर्क पड़ता है?

दान-अनुदान पर

जैसे तैसे कट ही जाती है

जिन्दगी,

राजा राम हो या रावण

भला क्या फर्क पड़ता है?

गल्प कथाएँ और तमाशे धर्म हो

जयकार और प्रशस्ति कर्म हो

वहाँ लोकतंत्र हो या राजतंत्र

भला क्या फर्क पड़ता है?

जहाँ पगडण्डियाँ नहीं

राजा के विमान की चर्चा हो

भूख को व्रत मानकर
सहने का मंशा हो
विजय का ब्रह्माशस्त्र झूठ हो
चाण्डाल के द्वार सच गिरवी हो
वहाँ चीखों या कराहो
भला क्या फर्क पड़ता है?
गर्दन कटाने के लिए
अपनी बारी का इन्तजार हो
वहाँ छूरा देशी हो या विदेशी
भला क्या फर्क पड़ता है?

37. निखालिस आदमी

घने कुहासे से ढकी

पगडण्डी पर

कड़कड़ाती ठंड में

चले जा रहा था

वह नंगे पाँव,अधनंगे बदन

निर्भीक सा ।

बस्ती आयी

मंदिर से गुजरा

एक दानवीर की नजर पड़ी

उसने एक गेरुआ कम्बल

फेंक दिया उसके सिर पर,

पर अनमने भाव से

यूँ ही चलता रहा,

आगे मस्जिद में अजान हुई

जकात बाँटी जा रही थी

मौलवी को एक हरी चादर

उछाल दिया उसके कंधे पर,

बिन नजर फेरे

वह यूँ ही चलता रहा,

आगे शहर की सड़क आयी,

चर्च के सामने से ज्यों गुजरा

पादरी में प्रेम से

झक सफेद साल उढ़ाया

सीने पर क्रास बनाया ।

पर वह पागल सा

यूँही कदम बढ़ाता रहा,

रास्ते में नास्तिक,एन.जी.ओ.वाले,

समाज सुधारक,विचारक,कार्पोरिट्स

दानवीर मिलते रहे,

अपनी अपनी चादरे,

तौलिए,सूट,दुशाले ओढ़ाते-पहनाते रहे,

वह अपनी मस्ती में आगे बढ़ता रहा ।

दोहपर हुई सूरज जवान हुआ

और वह एक झटके से

कम्बल,चादर,शाल,दुशाले,शूट,कोट

जमीन पर गिरा दिया,

और फिर निखालिस आदमी बनकर

खुले आसमान की ओर देखते हुए

तन कर खड़ा हो गया।
जरा सोच के बताना ?
यदि मुझमें भी साहस होता
तो क्या मैं भी
निखालिस आदमी नहीं होता ?

38.   आखिर कहाँ खो गये वे लोग

खोज रहा हूँ
उस आदमी को
इतिहास के पन्नो में,
जो राम का तीर-धनुष
कृष्ण का चक्र-बासुरी
अर्जुन का गांडीव,
भीम की गदा बनाता था ।
जिसने बनाया था
चक्रव्यूह,लाक्षागृह,स्वर्ण सिंहासन ,
इन्द्रप्रस्थ का राजप्रासाद ।
मैं भारत को ऐश्वर्य से भरना चाहता हूँ
इसलिए खोज रहा हूँ उन लोगों को
जिन्होने कृष्ण का उत्तरीय,
राधा की कौशेयी
सीता की साड़ी पर
कसीदे गढ़ते थे,

उनकी भी तलाश कर रहा हूँ

इतिहास जीर्ण-सीर्ण पन्नों में

जो विशाल सेंनाओं के लिए गेहूँ बोते थे

बकरियाँ पालते,सब्जियाँ उगाते थे।

घायल होने पर मरहम लगाते

महारथियों का रथ और जूते बनाते थे

पानी के लिए कुवें,

बावड़ी,तालाब खोदते थे ।

उन तमाम किरदारों को

इतिहास मे खोज रहा हूँ

जिनके भरोसे जीते गये युद्ध

सेनाओं ने पार किये पुल,

जिनका अन्न खा कर

महारथी और महान बन गये लोग,

आखिर कहाँ खो गये वे लोग ?

धिक्कारता हूँ

उन पन्नो को,

जो उनका पता बताने में असमर्थ हैं ।

 कितने शातिर है वे पन्ने

जो उत्पादक के हिस्से का सम्मान

उपभोग करने वालो को दे दिये

उन्हें अछूत,भालू,बन्दर कह दिये,

जरा सोच कर बताना

आज भी क्यों

इतिहास की गलतियाँ

दुहरा रहे है,

अतीत की बेईमानियों पर

इतरा रहे है ।

करने वालों के बजाय

खाने वालों की मूर्तिया सजा रहे हैं ।

39.   राष्ट्र की बात

मौसम भी है, माहौल भी है

आइये आज राष्ट्र की बात करते हैं

शब्द की नहीं

शासन की नहीं

नारों की नहीं

भाषण की नहीं

रोटी की बात करते हैं

समता-समानता की

नदी की,पहाड़ की

आम आदमी के सम्मान की बात करते हैं

आइये आज राष्ट्र की बात करते हैं ।

शानों-शौकत की नहीं,

रौबो-रशूख की नहीं

जाकेट-शूट की नहीं

बीमारी और भूख की बात करते है

मंदिर की नहीं,मस्जिद की नहीं

भाषा की नहीं,भक्ति की नहीं

कंधे पर टंगी कुदाल ही नही

कंधे पर लटके लैपटाप की बात करते हैं

जीने भर के लिए रौजगार की बात करते हैं

आइये आज राष्ट्र की बात करते हैं।

घंटो की नहीं,अजान की नहीं,

हिन्दू की नहीं,मुसलमान की नहीं

आरती की नहीं, आर्तनाद की बात करते हैं,

रोटी चुराने के जुर्म में

मारे गये मधुआ की बात करते हैं

बीते हुए कल की नहीं

आज बाजार के बँधुआ की बात करते हैं

आइये आज राष्ट्र की बात करते हैं ।

इन्द्र की नहीं,इन्द्रासन की नहीं

सिंह की नहीं सिंहासन की नहीं

सीमा की नहीं,शौर्य की नहीं

कचरा बीनते बच्चों की बात करते हैं,

सीवर में मरें

अधनंगे उस नौजवान की बात करते हैं

कीटनाशक पीये किसान की बात करते हैं

आइये आज राष्ट्र की बात करते हैं ।

मॉल की नही,तरणताल की नहीं

चमचमाती सड़कों की नहीं

उन्माद भरे लड़कों की नहीं

जुमलों के जंजाल की नहीं

वायदों और भौंकाल की नहीं

सहमी डरी जुबान की बात करते है

शौर की नहीं संवाद की बात करते हैं

    आइये आज राष्ट्र की बात करते हैं ।

दवा की नहीं, दुकान की नहीं

हिजाब की नहीं, किताब की नहीं

अंधी दौड़ में हाँफती जिन्दगी

और विचारों के अकाल की बात करते है,

धूँवे से उड़ाकर शहद निकाल ली गयी

बेघर मधुमक्खियों की बात करते है

बाजार के गढ़े नायक के स्वागत में

रस्सियों पर टंगी झण्डियों की बात करते हैं।

जिन्हें निगल गया विकास

गाँव की उन पगडण्डियों की बात करते हैं

मौसम भी है,माहौल भी है

रीति भी है रवायत भी है

आइये आज राष्ट्र की बात करते हैं

इतिहास की नहीं

वर्तमान की बात करते हैं।

40.   चुप्पी

भीड़ है

पर चुप है

अजीब है

पर सच है।

किसी ने जुबान नहीं काटी है

शायद दूध पीने मे जुबान जली है

ये चुप्पी डर की नहीं

शक से बनी है।

जो ठहरेगी नहीं

टूटेगी एक दिन

तो भयानक शोर करेगी

गुमाई हुई

हवा बवंडर बनेगी।

9 789356 673519